Alapelvek a mindennapokhoz

Az élet igazságai

Michael G. Skinner
2017
Publio Kiadó
www.publio.hu
Minden jog fenntartva!

Figyelem!

A műben leírt események, javaslatok és ötletek nem jelentenek garanciát a sikerre. Az kizárólag az egyéni teljesítménytől és kitartástól függ.

Köszönetnyilvánítás

Hálásan köszönöm mindazoknak, akikkel életem során megismerkedhettem. Részben Nekik köszönhető, hogy levontam a tanulságot azokból a leckékből, melyeket átéltem - hol fájdalmasan, hol örömmel - így nyújtva át az Olvasónak a tömör, sokszor nyers igazságot. Külön köszönöm Édesapámnak, hogy példaként szolgált a fiatalabb énemnek.

A szerzőről

1985 nyarán születtem, harmadik gyerekként érkezve a családba. Apám az építőiparban dolgozott, így nem volt kérdés, hogy nyári szünetben (14 éves koromtól kezdve) vele járjak dolgozni a zsebpénzemért. Abban az időben más elvek szerint neveltek a szülők, a tanárok, még az állam is. A „nagy" változások kora volt, amihez mindenkinek igazodnia kellett.

A 2000-es évek elején számítástechnikai szakközépiskolába jártam, amit érettségivel, és gazdasági informatikus végzettséggel fejeztem be, de lévén nem kerültem be a katonai felsőoktatási intézménybe ahova jelentkeztem, és szakmai területen sem tudtam elhelyezkedni, (hiába ígérték meg korábban az iskolai vezetők), mert időközben a munkaerő-piaci igény megváltozott.

Vissza az alapokhoz. Nem csüggedtem, hiszen több évnyi tapasztalatom volt már a „kékgalléros" munkát illetően, így beiratkoztam egy építőipari szakiskolába. Kiváló tanáraimnak köszönhetően országos versenyen - osztálytársaimnál hónapokkal korábban - „szabadultam fel", de korábbi tanulmányaim miatt észleltem a baljós jeleket a gazdaságban. Még a szakmában töltöttem néhány évet, amikor 2010-ben elérte a magyar építőipart a gazdasági hullám.

Ezután pálya elhagyó lettem, és több helyen dolgoztam többféle munkát. Hol az informatikus végzettségem, hol a kőműves szakmám kellett ahhoz, hogy dolgozzam, de valahol elég volt az érettségi is. Jelenleg egy raktárban dolgozom (ahol targoncavezetői szakmát szereztem a cég jóvoltából), emellett megjelentettem több könyvet, és a saját vállalkozásomat irányítom.

Célom, hogy példákon keresztül mutassam meg Neked, hogyan lehet teljesebb, boldog és nyugodt életet élni. Ezért született meg EZ a könyv, melyet két fő részre bontottam: az első rész az emberi oldalt, személyiséget és a másokhoz, a világhoz való viszonyt hivatott fejleszteni, míg a másik inkább pénzügyi, gazdasági ötleteket, útmutatókat tartalmaz.

Jó szórakozást, és Spock szavaival élve: hosszú, eredményes életet kívánok!

1. RÉSZ

Legyen minden reggel egy új lehetőség számodra!

Előfordult már Veled, hogy nehezebben keltél fel reggel az ágyból, és legszívesebben visszafeküdtél volna? Meghiszem azt! De nézd meg a szituációt egy másik nézőpontból.

Az, hogy kinyitottad a szemed már csodás dolgot jelent: tehetsz valami nagyszerűt. Valami újat. Találkozhatsz a szeretteiddel, régi vagy épp új ismerőssel. Élvezd a reggeli időszakot, mert itt még rengeteg meglepetést tartogathat a nap többi része.

Miért vagy hálás? Gondold végig!

Kikeltél az ágyból, egészséges vagy, és egészséges a családod? Velük töltheted az időt? Szép házad, esetleg jó autód van? Mindegy, hogy mik a prioritásaid, hiszen csak az számít igazán, amiért hálát érzel, hogy a Tiéd.

Jó dolog úgy indítani a napot, hogy van egy lista a fejedben (vagy valahova leírva az első napokban), aminek örülsz. Bővítsd ezt a listát minden alkalommal, amikor lehetőséged van rá. Rém egyszerű dolog, és még jó móka is egyben. Nekem is segített már abban, hogy a hétvégi túlórát jobb kedvvel indítsam.

„A holnap azoké, akik ma készülnek fel rá" - Malcolm X

Ugye ismerős érzés, amikor fáradtan ránézel egy elintézendő teendődre, és legyintesz: „Majd holnap" vagy „Ráér még"? Mindenkinek 24 órából áll egy nap. Neked, nekem, a pápának, az elnöknek, a gyereknek, a tanárnak és így tovább.

A sikeres embereknek és a kevésbé sikereseknek is. A különbség csupán annyi, hogy néhányan képesek fejben rendbe tenni a dolgokat. Ők úgy viszonyulnak a dolgokhoz, a teendőkhöz, hogy inkább MA tesznek többet, előre dolgozva egy kicsit, és amikor eljön a pihenés ideje, akkor több időt szánhatnak magukra vagy azokra, akikkel szeretnének együtt lenni. Önfeledten kiélvezik a közös programokat, minőségi időt töltenek a másik társaságában, és nem kell észben tartaniuk a tennivalók sokaságát.

Emlékezz a SZABAD döntéseidre melyek segítettek előre jutni.

Voltak szabad döntéseid az életedben? Úgy értem, meghoztál valaha olyan döntést, amiben nem kellett mérlegelned a családod, a párod, a barátaid, a főnököd véleményét? Amikor úgy cselekedtél (persze nem kényszerből), hogy egyedül csak magadnak feleltél, és jobbá vált az életed? (Akár spirituális akár materiális értelemben?)

Ezek azok a döntések, melyek igazi útmutatók arra nézve, hogy merre halad az életed. Minél több ilyen helyzetbe kerülsz, annál nagyobb esélyed van arra, hogy igazán felszabadultan éld meg a mindennapokat.

Vedd észre a szépséget körülötted.

A szépség relatív. Mindenkinek mást jelenthet. Tárgyat, élőlényt, eseményt. Figyeld meg magadon, hogyan reagálsz TE, ha meglátsz, mondjuk egy szép ruhát (ha nő vagy), férfiak esetében meg egy sportkocsit? Mire gondolsz elsőként? Pozitív vagy negatív dologra? Felszökken a pulzusod, meggyorsul a légzésed esetleg? Vagy épp ellenkezőleg és megnyugodsz a vörös naplemente megpillantására, amint épp a tenger mögé hanyatlik?

Annyi örömet okozhat az efféle dolgok látványa, csak éppen az agyunk rögtön hozzákapcsol valami gondolatot, és ezért más színben látjuk az elénk táruló jelenséget. Ne hagyd, hogy az agyad kibabráljon Veled.

Jusson eszedbe, hogy a Világ jobbá vált általad.

A régi időkben, néhány filmben és sorozatban felkapott téma volt, hogy körbejárja a kérdést: Talán jobb lenne, ha meg sem születtem volna. Rendszerint a főhős egy nehéz időszakon megy át és kételkedni kezd a saját értékeiben egészen addig, amíg ebben az „alternatív" világban rádöbben az ellenkezőjére.

A mai digitális korban sokkal, de sokkal, több emberrel kerülünk kapcsolatba, mint az elmúlt évtizedekben, így változtatva meg a saját és mások életét. Új gondolatok és események keletkeznek, bármerre megyünk. Lefogadom, hogy anno, amikor a Wright fivérek a repüléshez készülődtek volt legalább egy ember, aki nem lebeszélni akarta őket. Michelangelo is inkább szobrásznak tartotta magát, mégis sikerült meggyőzni őt, hogy fesse újra a Sixtus-kápolna mennyezetét. Ezért nem szabad csüggednünk, és hagyni a körülményeinknek, hogy letargiába taszítsanak minket.

Emlékezz rá, mennyi embernek segítettél már, és mennyi örömet okoztál másoknak.

Nem kérkedni akarok, de ide tartozik: rendszeres véradó vagyok, emellett több szervezetet támogattam már az évek során. (Nem kell milliókra gondolni, de nem is mindig pénzt adományoztam.)
Felemelő érzés, amikor jót cselekszik az ember. Bennem van a tudat, hogy mások is segítenek vagy épp segítettek nekem, tehát én is tehetek valamit értük. Azoknak az embereknek, akik képtelenek segíteni másokon, keserű az élete. Amikor rossz a kedvem (igen velem is előfordul néha) csak végigfuttatom az emlékeimet, előveszem a listámat (hiába én ilyen listákat gyártó csávó vagyok) és erőt merítek abból, hogy igen szükség van rám és arra, amit nyújthatok másoknak. A történelem már bebizonyította.

Ne hagyd, hogy a múlt hibái teherként, nehéz kövekként lenyomjanak. De tanulj belőlük.

Követtem el hibákat, mint mindenki más. Ez az élet része. Van egy mondás miszerint az okos ember a hibáiból tanul, a bölcs ember másokéból, míg az ostoba senkiéből sem. Arra célzok, hogy a tévedéseidet hagyd a múltban, amikor megtörténtek.
Ne hánytorgasd fel, ne rágódj rajuk túl sokat. Ha túl sok figyelmet szentelsz nekik, lemaradsz a jelenről. Egyébként sem fog megváltozni, kitörlődni. Lépj tovább! Vedd észre benne a tanulságot, és a következő alkalommal már tudni fogod, hogy mit kell csinálni.

Mutass példát és adj tanácsot azoknak, akik kérik. És azoknak is, akiknek szüksége van egy jó tanácsra.

Vigyázz milyen példát mutatsz másoknak! Tetteid legyenek összhangban azzal, amit mondasz, mert a gyerek is a szülei példáját követi, akár a jó, akár a rossz tetteket vesszük figyelembe. Amin egyszer Te már keresztülmentél intő példa lehet mások számára. Vannak olyanok, akik elég bátrak ahhoz, hogy tanácsot kérjenek, de a legtöbben hallgatni fognak. Ilyenkor Neked kell kezdeményezned, hogy tanáccsal lásd el a dönteni képtelen ismerősödet. (Viszont tartsd szem előtt, hogy Ő hozza meg a döntést, ne erőltess rá semmit, mert ez az Ő élete!)

A nem alkalmazott tudás semmit sem ér.

Van különbség aközött, hogy mit tudunk, és hogy mit hiszünk, hogy tudjuk. Egy példa: A várost járva láttál már „Szemetelni tilos" táblát a kuka mellett, igaz? Mégis a szemetes körül is jócskán előfordult a hulladék. Miért? Mert az emberek többsége hiába érti meg a táblát, ha nem alkalmazza, akkor, amikor mellé esik a kidobni kívánt üdítős doboz, vizes palack vagy papírgalacsin. Ezért a hanyagságért válik egyre csúnyábbá a környezetünk. Vagy egy másik eset: az iskolában tanult ÖSSZES információt, képletet használod a mindennapi teendőkhöz? Nos, az igazat megvallva én sem. Érted már?

Mindig, mindenkor a SAJÁT döntéseid következményeivel nézel szembe.

Ha hozol egy döntést, akkor vállald a felelősséget is érte. Se többet, se kevesebbet. Minden ember saját magáért felel, még akkor is, ha a környezete, vagy a belső hangja mást sugall.
Bátornak kell lenni, hogy szembenézzünk minden következménnyel, amivel nem számoltunk a döntés meghozásakor. Tartsunk ki mellette, még ha nagyon rögös is az út, amire vezetett, mert ha látjuk a célt, akkor el is fogjuk érni azt. Minden döntésed vezet valahova.
Rajtad áll, hogy az álmaid felé, vagy a mókuskerék „biztonságába" terel.

Szánj időt arra, hogy üres elmével szemléld, hallgasd a körülötted létező világot pár percig. Csodás, nem?

Az embernek szüksége van arra, hogy időnként lenyugtassa magát, a gondolatait, az érzéseit. Ilyenkor kitisztul az elméje, és figyelni tud az ösztöneire, a megérzéseire. Amikor harmóniába kerül a környezetével, ez gyorsabban történik meg.

A Voyager űrszondák fedélzetére is felkerültek a bolygónk életéből származó hangok és képek, hogy megmutassák a Föld csodálatos világát.

Az ember sajnos folyamatosan pusztítja a természetet, így addig élvezd ki a benne töltött időt, amíg lehetőséged van rá.

Győztél, mert túlélted a hétköznapok közönyét, de még sok diadal vár Rád.

Minden nap győztes vagy, amikor csak egy kicsit is tettél a céljaid eléréséért.

A hétköznapi emberek, akik belefásultak saját életük küzdelmeibe megpróbálnak majd Téged is hátráltatni. Nem mindig rossz szándék vezérli őket, ne érts félre, de ŐK olyan döntéseket hoztak korábban, amik odavezették őket ahol most tartanak. Légy biztos a dolgodban!

A közöny után azzal is meg kell küzdened, hogy kiállj az igazadért. A céljaidért, és a hozzájuk vezető terveidért.

Használd ki a kapott időt, mert nincs ismétlés.

Az élet nem játék, hogy az elmentett jelenetnél töltsük be újra és újra. Mindannyian rendelkezünk valamennyi idővel a színpadon (vagy képernyőn, ahogy tetszik), de végül szólít az igazgató és véget ér a show. Van olyan dolog, amit másként csinálnál az életedben? A múlton ne izgasd magad. Ha valamit ki akarsz javítani, kezd el most. Emlékezz! A reggellel új lehetőséged nyílt bármire.

Gondolj a családodra, a barátaidra, és a velük töltött kellemes emlékekre.

Biztos vannak a környezetedben olyanok, akik fontosak Számodra. Akikre felnézel, még akkor is, ha ők ezt nem tudják. Bármikor úgy érzed, hogy valamire nem vagy képes, épp rossz passzban vagy, összevesztetek valamin, csak arra fókuszálj, amin már keresztülmentetek. Együtt. Amikor közösen nevettetek egy viccen, vagy örültetek a csapatotok sikerének. Hihetetlen erőt képes adni, amikor az agyadban lejátszod ezeket.

Gondolj az álmaidra és az elért célokra, melyek már megvalósultak.

Legyen bármilyen nagy a kitűzött célod, ne feledd, hogy előtte tervezd meg a lépéseid, magadban vagy a mentoroddal, vagy a pároddal. Ha a kétkedés beférkőzik a gondolataid közé, csak vedd elő a listádat (Na, tessék! Egy újabb lista!), amin az általad megfogalmazott és valóra vált álmaid szerepelnek. Az emberek hajlamosak lefitymálni a saját teljesítményüket, ha nem látják maguk előtt az eredményt. Pedig minél többet tudsz felmutatni magadnak, annál magabiztosabb leszel, és szembe tudsz szállni a saját démonaiddal.

Amit egyszer megcsináltál, azt képes vagy bármennyiszer megismételni utána.

Sport közben, a munkád során, vagy éppenséggel egy játékban előfordult Veled, hogy akadályba ütköztél? Rossz időeredmény, nehéz küldetés, buktatókkal teli programozási feladat? A korlátok csupán a fejedben léteznek, hiszen lehetőséged van újra és újra belevágni a folyamatba. Mindig új technikát, metódust, időzítést alkalmazva, amikor már kipróbáltál majdnem mindent, akkor bekövetkezik a győzelem. És azt gondolod: Tényleg csak ennyi lett volna a dolgom? Hát nem. Meg kellett tanulnod, hogy melyik résznek szentelj több figyelmet, hova koncentráld az energiáidat. Tapasztalatom szerint, ha a sikert hozó lépéseket ismétlem, az adott feladaton mindig SIKERREL jutok tovább.

Emlékezz minden ígéretre, adott szóra és törekedj a betartásukra.

Az ember feledékeny. Nincs ebben semmi szégyellnivaló. De azért vannak a különböző eszközök (telefon, jegyzetfüzet), hogy megkönnyítsék észben tartani, amit kell.

Régebben az ember annyit ért, amennyit a szava. Kicsit elavultnak hangzik, de ez olyan alapelv, amihez ha tartod magad, sokan fel fognak nézni rád. Csak akkor ígérj meg valamit, ha TE be tudod és fogod tartani. Ha már máson is múlik a dolog, akkor inkább ne ígérj semmit, mert így biztosítod, hogy nem szeged meg a szavad. Maradj őszinte!

Nézd a dolgok jó oldalát! Tőled függ, hogy az érem melyik felét látod meg.

Minden rosszban van valami jó! Csupán meg kell keresni. Van olyan helyzet, amiben sok mindent muszáj átgondolnunk, hogy rájöjjünk mi az, de nem lehetetlen. Ne siránkozz, mert a helyzet úgyis megváltozik előbb vagy utóbb. Semmi sem állandó, csak maga a változás. Legvégső esetben fogd fel próbaként az esetet, és juss túl rajta.

Légy türelmes!

Gondolj a gyémántra milyen utat járt be, mire elfoglalta a helyét egy drága ékszerben. Kezdve a magtól, ami fa lett, ami szénné vált, hogy a föld alá kerülve nagy nyomáson drágakő legyen, amit aztán kibányásztak, szállítottak, eladtak és megmunkáltak.

A türelem olyan erény, amely segít jobban megismerni önmagadat! Nézd meg, hogyan viselkedsz várakozás közben. Hamar felkapod a vizet? Feszült leszel? Vagy aggódsz?

Próbálj meg ellazulni, gondolatban járj egy kellemes helyen, esetleg gondolkodj a következő feladatod megoldásán!

Jó tett helyébe jót várj!

Cselekedj helyesen, de ne viszonzásért, vagy jutalomért. Apró kedvességeken keresztül ismernek meg az emberek, így lassan, önszántukból fognak a segítségedre lenni, mert dolgozik bennük a lelkiismeret.

Olyan embernek fognak látni, aki nem csak akkor segít, ha neki kell valami, hanem akkor is, amikor nincs látható haszna belőle. Ezt fogják értékelni benned: hogy nincs hátsó szándékod! (Persze vannak néhányan, akiknek ezt nehezére esik elfogadni, ezért furcsának tartanak majd.)

Bízz a megérzéseidben! Az ösztöneid emlékeznek még helyetted is.

Mindenkiben ott munkál még a hatodik érzék, melynek célja megvédeni minket az utunk során. Ha figyelmesen hallgatsz a belső „irányjelzőkre" akkor egyre gyakrabban hozol jó, majd jobb döntéseket. De minden esetben nézd a tényeket! Amikor a tényekkel egyetértesz, és nem tudsz dönteni, ebben az esetben segítenek az ösztöneid, ha megfelelően gyakoroltad használni őket.

Emlékezz a csodákra, amiket az utad során megtapasztaltál.

Az emberek hajlamosak arra, hogy valami fennkölt, mesés eseményt tartsanak csodának, pedig tévednek. Egy gyermek önfeledt mosolya maga a csoda. Hullócsillag a tiszta égbolton, vagy a telihold a fodrozódó víz felett maga a csoda. Beethoven vagy Vivaldi művei. (Persze itt még sorolhatnám tovább, hogy Nekem mi számít ide, de NEKED is megvan a saját ízlésed ugye? Nézz körül!) A mindennapokban is rejlenek csodák, és ha figyelsz, meglátod bennük az egyszerűséget, amint Hozzád szólnak.

A SIKER nem más, mint lényed egy átszűrt változata.

Einstein szerint egy probléma sem oldható meg azon a tudati szinten, amin az keletkezett. Nézd meg a sikeres embereket! Vállalkozókat, sportolókat, művészeket. Mind megegyeznek abban, hogy fejlődniük kellett, ha révbe akartak érni. Az olimpiára készülők naphosszat edzettek, a művészek éveken át gyakoroltak, a vállalkozók minden kudarcból felálltak és továbbmentek, amíg sikereket nem értek el a szakterületükön. Nem készen kapták az elismerést, hanem megdolgoztak érte! Apránként lecsippentették magukról azokat a személyiségjegyeket, viselkedési formákat, amik meggátolták őket abban, hogy fejlődjenek.

Minden eseményből lehet tanulni, ha észreveszed bennük a tanulságot.

Az életed maga a tankönyv, amiből nap, mint nap tanulsz valamit. Az események, amik megtörténtek Veled, csupán visszajelzések az adott leckéről. És amíg ezt nem érted meg, a tanár addig fogja elismételni újra és újra. Elhiheted, hogy leggyakrabban nem a legkellemesebb tananyag ismétlődik. Vedd észre a mintát, mert akkor már legalább egy lépéssel közelebb kerülsz a megoldáshoz!

Fókuszálj a céljaid pozitív hatásaira, de ne csak a saját életedben!

Milyen céljaid vannak? Mi hajt előre? Egy új autó, lakás, utazás? Vagy szellemi fejlődés, új nyelv megtanulása, esetleg a szerelem megtalálása? Lehet, sőt biztos, hogy ezek a dolgok megváltoztatják az életedet. De ugyanakkor más irányba terelik mások életét is. Persze, elsősorban magad miatt akarod, hogy elérd a kitűzött célokat, de néha emlékezz meg arról, mennyire befolyásolják a nagyobb összképet! Jobban fogsz vágyni a beteljesülésre, ha észreveszed azt, hány embernek javul az élethelyzete, csak azért, mert Te elérted a célodat.

Csupán öt dologhoz kell hűnek maradnod az életed során.

Az elveidhez, a hazádhoz, a családodhoz, a szerelmedhez és a barátaidhoz. Az emberi lények változnak. Folyamatosan. Hol külső, hol belső ráhatások következtében. Ilyenek vagyunk. Változik az érdeklődési körünk, a baráti társaságunk is lecserélődik néhány évente, külföldre megyünk dolgozni, ahol más hatások érnek bennünket. Ne hagyd, hogy azok az alapértékek, melyek meghatároznak Téged, csorbát szenvedjenek. A BECSÜLET, HŰSÉG, IGAZSÁGÉRZET a mai napig bizonyítja, hogy lehet rájuk alapozni.

A Dominó-elv miatt a legapróbb cselekedeteid is hatással vannak az Univerzumra, még ha Te nem is látod a következményt.

Bele sem gondolunk néha, mekkora hatalommal rendelkezünk. Minden döntésünk olyan események láncolatát képes elindítani, ami megváltoztathatja akár több ezer ember életét. Mindössze egyetlen cselekedetünk. Amikor „éber" állapotodban rajtakapod a sors visszacsatolását, az fantasztikus érzést generál. Neked volt már ilyen élményben részed?

A személyes ellentét csak hátráltat az utadon. Nekilátnál kiskanállal kimerni az óceánt?

Amikor valakivel vitába szállsz, emlékeztesd magad arra, hogy a másik fél is ember, és mint ilyen, neki is lehet eltérő véleménye, nézőpontja. Ha valaki megbántott, esetleg az ellenségének tart, gondolj arra, hogy mennyivel nehezebb azoknak a dolga, akik minden sérelmüket magukkal cipelik. Értelmetlen sokáig haragot tartani, mert attól még a feladatot el kell végezni. Akkor meg már jobb tiszta szívvel a megoldásra koncentrálni.

Az életed során valaki végig elkísér, valaki csak az első kanyarig.

„Színház az egész világ s színész benne minden férfi és nő." Mindannyian szerepet játszunk, csak nem ismerjük a forgatókönyvet, az Élet a rendező, a főpróba pedig elmaradt. Életed filmjében rengetegen játszanak szerepet, van, aki főszereplővé növi ki magát, de akad olyan is, aki megmarad statisztának. Nem szabad neheztelned azokra, akik csupán egy rövid „mellékszerepre" vállalkoztak melletted. Hiába próbálod magad írni a forgatókönyvet, elkerülhetetlen, hogy ne változna valamelyest.

Amíg a reménynek egy apró szikrája is van az ember szívében, addig képes a végsőkig küzdeni.

„Amíg élek, remélek!" - tartja a mondás. A remény egyesek számára fájdalom, mások számára hit. Akármelyik csoportba is tartozol, tudnod kell, hogy erővé alakíthatod. Olyan erővé, amivel legyőzheted azt a nehézséget, amellyel éppen szembenézel. Kitartónak kell lenned, hogy lásd a győzelmedet.

Nyugodj meg! Az ideges ember gyakran átsiklik a fontos dolgok felett.

Engem nehéz kihozni a sodromból, de ez nem volt mindig így. Az első nyelvvizsgám alatt is idegeskedtem, és olyan alaphibákat vétettem, hogy csak, na! Az agyam leblokkolt. (Nem is lett meg, de ma már nem sajnálom.) Később az történt, hogy késésben voltam, de még nem találtam meg egy fontos iratot, pedig szó szerint MINDENHOL kerestem. Végül nélküle keltem útra, lehordtak miatta, majd otthon pedig az asztalon várt rám. Más történet. Egy vita alkalmával nagyon durva tényeket vágtam az ismerősöm fejéhez, ami miatt hosszú időre megszakadt mindenféle kommunikáció közöttünk. Észre kellett volna vennem, hogy fontosabb a lelki békém, VALAMINT az illető BARÁTSÁGA, mint a vita (utóbb úgy gondoltam tisztességtelen) megnyerése.

Érző értelem vagy, aki fontos helyet foglal el ebben a világban.

Isten terve nem csak Rád korlátozódik, de jó szerepet osztott Neked! Ha kétségeid támadnak, hogy az életed milyen irányba tart, vagy épp milyen szakaszban áll, tedd a következőt: rajzold le a kapcsolati hálódat, majd amikor kész vagy, jegyezd fel, hogy ki milyen pozitívumot vitt a Te életedbe, miközben a másik oldalra azt írd oda, hogy Te mit adtál a többieknek. Tudniillik a sikereid részben attól is függnek, hogy egyensúlyban legyen a „mérleged".

A becsület tanulható. Csakhogy a kulcs a tanár kiválasztása.

Fiatal korunkban sok példaképünk lehet: a szüleink, tanáraink, mese-, képregény vagy filmbéli hősök. Elkerülhetetlen, hogy a gyerek az általa látott példát tekinti követendőnek, akár tisztességes (lovagi becsület), akár nem (tolvajbecsület). Később persze magunk választjuk ki, hogy kit követünk, melyik mentor vagy mester tanítását érezzük közelebb magunkhoz.

Ne félj hibázni. Minden hiba kijavítható.

Emlékszel még milyen volt csecsemőnek lenni? Figyeld meg a környezetedben élő babákat, akik éppen lábra akarnak állni. Többször esnek el, de mégis hajtja őket a belső vágy, hogy olyanok legyenek, mint a felnőttek. Egyszerűen még nincs bennük a félelem a kudarctól. Nem értik mi az. Cselekedj félelem nélkül! A társadalom (vagy éppen a csoportszellem) nevelte beléd, hogy mitől kell félni.

Én azt mondom, mára elavult dogmákat követ a többség, és ezért próbálják ellehetetleníteni az egyéniségeket. Mert ŐK nem félnek. A jövő létrehozásában MI is részt veszünk, de a gyerekeinknek kell majd kijavítani a hibáinkat, amiket menet közben vétünk.

Okozz meglepetéseket!

Ha túl kiszámíthatóvá váltál, az azt jelenti, hogy a szokásaid rabja vagy. Nagyon könnyű belefásulni, és így beleunni az életbe, a munkába. A szokásaid a biztonság illúziója mögé rejtik a kalandvágyat, ami minden emberben fellelhető. Meggátolja a tudás megszerzését, amit tapasztalatokon keresztül érünk el. Szánj magadra egy kis időt, és menj másik útvonalon haza vagy a munkába. Próbálj ki más ételeket, vagy sportot.

Az őszinteséget akkor fogod igazán értékelni, ha magadnak sem hazudsz tovább.

Az emberek többsége rosszul van, és a lehető legtovább halogatja a kellemetlen (sokszor fájdalmas) érzés átélését. Pedig nem kerülhetik el. Az őszinteség gyakran viták forrása, noha stabilabb emberi kapcsolatokat eredményez. Aki nem mer, vagy szeret szembenézni a tényszerű valósággal, az elutasítja az igazságot, és másokat is arra ösztönöz, hogy inkább hazudjanak neki. Ha magaddal őszinte vagy, mindenkitől elvárhatod ezt (sértődés nélkül), hiszen az őszinte vallomások segítenek a fejlődésben. Arról nem is beszélve, hogy nem kell észben tartanod kinek mit mondtál, mert az igazság nem változik olyan gyakran. (Azért halkan megjegyzem: az elején nem lesz olyan sok rajongód. Időbe telik elfogadni a nyers tényeket.)

Az egészség olyan tényező, amit sajnos soha nem tekinthetünk állandónak.

Immunrendszered felel a testi jólétedért, de mára bebizonyosodott, hogy a gondolataid (és azokon keresztül a lelked) is képes hatni rá. Akkor beszélünk egészségről, ha az egyén lelki békéje harmóniában és egyensúlyban van az adott személy fizikai kondíciójával. És a mérleg bármikor elbillenhet valamelyik irányba. A te feladatod arról gondoskodni, hogy megőrizd az egészségedet, mert egy rossz alma is képes tönkretenni az egész kosarat. A legtöbb ember úgy érzi teljesnek magát, ha egészséges. De erre csak akkor jönnek rá, amikor már a szervezetük elvesztette a csatát a betegséggel szemben.

A krízishelyzetek kiválóan alkalmasak arra, hogy megmutassák a belső valódat.

Számtalan krízis léphet fel az ember életében. Ha egyedülálló, ha párkapcsolatban él, ha házas vagy elvált, ha fiatal, esetleg idősebb. De összefüggésben lehet az illető foglalkozásával, vagy az egészségi állapotával is. A variációk szinte végtelenek. Amiben mind hasonlítanak, hogy az egyes helyzeteket hogyan reagálják le a különböző emberek. Vannak, akik megfutamodnak, de olyanok is, akik a küzdelmet választják. Szép számmal vannak a világban, akik leblokkolnak, de még többen, akik cselekednek. Egy kis tanulással és fejlesztéssel elsajátíthatóak azok az ismeretek, amikkel bármilyen helyzetbe kerülsz is, de hatékonyan és gyorsan leszel képes végrehajtani a szükséges lépéseket.

Jó embernek lenni nem kerül erőfeszítésbe!

Számos vallási példázatban, szent iratokban van leírva, hogyan viseltessünk embertársaink iránt. A Biblia szerint: „ahogy szeretnéd, hogy az emberek bánjanak veled, te is bánj velük úgy." A Korán kimondja, hogy a híveknek jótékonykodniuk kell. Konfuciusz tanítása ez: minden egyén köteles bátorságra, becsületességre és jóakaratra törekedni. De Buddha, a taoizmus, vagy a lámaizmus tanításaiban is találhatunk utalásokat, javaslatokat arra nézvén, hogyan legyünk „jó" emberek. Szerintem ugyanannyi energiát igényel, hogy valaki „rosszul" vagy „helyesen" döntsön, és akképpen is cselekedjen. Tehát nem vesztünk semmit, ha a „jót" választjuk. (Legfeljebb jobban is érezzük magunkat utána.)

Az életedet soha ne tedd fel más becsületére.

Ha olyan helyzetbe kerülsz, hogy „csatát" kell vívnod (akár fizikai, akár spirituális értelemben), de a kimenetele meghatározza a jövődet, ne habozz olyan eszközöket alkalmazni, amik megvédenek Téged bármilyen szituációban. Emlékezz erre: attól, hogy te becsületesen vívod a küzdelmeidet, nem garancia arra, hogy az ellenfeled is így tesz majd.

Mindenre van megoldás.

Csak késznek kell rá lennünk, hogy észrevegyük azokat a lehetőségeket, amikre nem számítottunk. A segítség néha a legvalószínűtlenebb formában érkezik, ezért állj készen elfogadni bárkitől. Ha túl dacosan viselkedsz, mert az egód túlnőtt Rajtad, attól még a problémád megmarad. Minél vadabbul vergődöl az Élet vizében, annál hamarabb temetnek alá az általad felvert hullámok. Hallgattasd el a gondolatokat a fejedben, és csak ezután vedd sorra a lehetőségeidet.

Ne törődj a pletykákkal!

Amíg az emberek Rólad beszélnek, addig Neked van időd megvalósítani az aktuális célodat. Gondolom találkoztál már olyan emberrel a munkahelyen, utazás közben, bulin, stb. aki élvezettel mesélte el az éppen aktuális történéseket, intrikákat. Gondolj bele, mennyi energiát fektetnek bele, hogy kibeszéljék az illetőt, vagy a cselekedeteit! Ezt mind felhasználhatták volna a saját álmaik elérésére. Vésd az eszedbe: aki meséli a pletykát, éppen annyi időt pazarol, mint aki hallgatja, és lehet, hogy ez az elbeszélő célja.

Kerüld a „mérgező" embereket.

Az az ember, aki csak siránkozik, biztosan elégedetlen lenne egy másik ember bőrében is. Ismersz olyat, aki folyamatosan csak a negatív élményeiről beszél? Hiába próbálod más irányba terelni a beszélgetést, mindig visszakanyarodik, vagy abban a témában is a rosszat látja meg először? Az ilyen embert az teszi boldoggá, ha másokat is „meggyőz az igazáról", hogy a saját kiüresedett élete ne tűnjön annyira nyomasztónak számára. Amint felismered őket, próbálj meg egyre kevesebb időt a közelükben lenni. (Természetesen csak akkor, ha már megpróbáltad kigyógyítani ebből az állapotukból, és nem jártál sikerrel.)

Az elengedés akkor válik könnyűvé, ha már a lélek szintjén is megértetted a folyamatot.

Egy kapcsolatot feladni, legyen az a szerelem vagy a barátság nehéz ügy. De tudnod kell, hogy mindketten rendelkeztek a SAJÁT életetekkel, és felelősséggel tartoztok magatoknak, hogy boldogságra leljetek. Ha a kapocs meggyengül, és nem törődtök a rendbetétellel, el kell engedni. Van, aki visszatér az életedbe, mert ez a sorsa, de van olyan is, aki nem. Ha görcsösen ragaszkodtok a kapcsolat fenntartásához (akár a társadalom, akár a családi nevelés nyomására), hosszabb távon tönkretesz benneteket, mert belülről emészt fel a kínlódás. Értsd meg, hogy mindkettőtöknek további tapasztalatot kell begyűjtenie a fejlődéshez.

A sikeres emberek mindig máshogy gondolkoznak, mint akik körülöttük vannak.

Tudtad, hogy azokat az embereket, akiket ma sikereseknek tartunk, az ismerőseik, barátaik sőt, a családjuk is álmodozónak tartotta először? A többség mindig különcnek tartja azokat, akik nem a megszokott „normákat" követik. Őket átitatja a gondolat, hogyan lehetne megvalósítani az álmaikat. Megoldásokat keresnek, útvonalat terveznek a célállomásig. Ahol mások magas falakat látnak, ők a földet nézik a létrát keresve.

Ne bízd el magad, ha szerencse ér!

Az csak a Teremtő visszajelzése, hogy jó úton haladsz. Amint összhangba kerülsz a világoddal, észreveszed majd, mennyire jól alakulnak a dolgaid. Meglátod az előnyeit minden olyan lehetőségnek, amivel szembekerülsz. Ekkor mondhatod el magadról, hogy azon az ösvényen jársz, amit Neked szántak.

Ne félj!

Az ember egyik legerősebb érzelmei közé tartozik a félelem, ezért meg kell ismerni, hogy fölé tudjunk kerekedni. Tudd, hogy a félelem, olykor hasznos is lehet. De csak akkor, ha pontosan tudod milyen reakciót vált ki másokból. Nos, a legtöbben kényelmetlen, szégyellnivaló, rossz érzésnek tartják. A valóság kicsit eltér ettől. Több csoportra lehet osztani ki, hogyan viselkedik, ha félelmet érez: Aktív és Inaktív. Az inaktív halmazba azok tartoznak, akik leblokkolnak, míg az aktív csoport további részekre tagozódik: az agresszív, a passzív és az engedelmes. Utóbbi akármit képes megtenni, csak azért, hogy félelmének tárgya ne kísértse őt, míg a passzív nem cselekszik. Csupán eltűri és próbálja átvészelni. A nyájjal tart, és menekülni próbál. Az agresszív ellenben mindig szembeszáll a félelemmel. Erővel, ésszel, ármánykodva vagy szemtől-szembe. Idő kérdése, de a félelem minden esetben agresszióba csap át.

Az igazságnak sok arca van.

Az igazság nagyon csalóka is lehet. Figyeld meg az embereket beszéd közben, mert néhányan képesek rá, hogy úgy hazudjanak, ha csakis igazat szólnak. Kevesen vannak, de ettől még összefuthatsz velük. Ők védekeznek a leggyakrabban azzal a frázissal, hogy: „Erről nem kérdeztél!", vagy „Ez nem került szóba." Áthárítják Rád a felelősséget, amiért nem voltál elég alapos, esetleg felkészült.

Az idő az elméd mércéje.

Ha megtanulod, hogy a dolgok átmenetiek, másképp fogsz az időre tekinteni. Ha megtanulsz kilépni az időből, az eltervezett jövőd, már meg is valósult. De az elméd veszélyes is lehet! Minden elmúlik egyszer, hogy átadja a helyét a következő eseménynek. Ha rosszul érzed magad: el fog múlni. Ha jól, az is, de nem feltétlenül valami kellemetlen dolog következik be. Arra akarok kilyukadni, hogy legyél tisztában azzal, ami igazából történik. Az emberi elme többek között arra is képes, hogy irányítsd az időt. A Te, személyes időfolyamodat. Benned él a múltad, hiszen emlékekkel rendelkezel, és bármikor visszatekintheted akármelyiket. És képes vagy elképzelni a jövődet, így létrehozhatod azt. De az elme a „folyamatos most" részeként érzi jól magát, ezért a többség elutasítóan bánik a vizualizációs technikákat illetően. Míg azok, akik megtanulták alkalmazni, már élvezettel alakítják a történetüket.

Legyen hited!

Az ember hitvallása az egyén szintjén hagyva a legjobb, míg a vallás társadalmi szinten csak feszültséget okoz. Mindenkinek megvan a maga hitvilága. Ne indíts személyes „vallásháborút" az ellen, aki nem úgy vélekedik, mint Te. Ne próbáld megtéríteni sem. Viszont higgy Magadban, és a saját, elért eredményeidben! A képességeidben, amik kiemelnek a tömegből. Ha erős a hited, önmaguktól fogják a társaságodat keresni. Mert a HIT nélkülözhetetlen a sikerhez.

„Akár kimondanak egy gondolatot, akár nem, valóságos dolog, és a valóság erejével rendelkezik" - Frank Herbert

Minden, amire valaha gondoltál, vagy az eszedbe villant, már történelem. Megtörtént, létrehoztad. Már az életed része, hiába is tagadnád. És a vonzás törvényét alapul véve, ha megragadsz egy gondolatnál, és újra meg újra lejátszod a fejedben, akkor megjelenik az életedben. Vonzani kezded, és az univerzum is úgy alakul, hogy ez megtörténjen. Lehetséges azonban az, hogy TE nem látod az eseményekben azt az útvonalat, melyen keresztül eljut hozzád a vágyad tárgya. Ez a késleltetés miatt van így. Először át kell menned a „Tényleg ezt akarom" teszten. (Itt megjegyezném, hogy az univerzum sajnos nincs tisztában a „nem" fogalmával, mert csak azzal törődik, amire gyakrabban gondolsz. Ha negatívumokra koncentrálsz abból lesz több!)

Légy Vezető!

Vezetőnek lenni nem annyi, hogy megmondod másoknak, mit tegyenek. Komoly feladat, ami azzal jár, hogy példaként szolgáljon minden, amit mond, vagy tesz az illető. Igazi vezetők azok, akik megküzdöttek a pozícióért, beleadtak MINDEN tőlük telhetőt a munkájukba, hogy sikereket érjenek el.

Nem egynapos mutatvány, aminek a végén megkapták a jutalmukat, hanem hosszú folyamat, ami a legtöbb esetben a felszín alatt zajlik, miközben folyamatosan támadják az embert. Akár a munkatársai, akár a családja, vagy az ismerősei. Az igazi nehézség, amivel szembe kell nézniük, hogy önmaguk maradjanak, amikor beérik a munka gyümölcse. Mikor előléptetést kapnak megőrizni a korábbi tulajdonságaikat úgymint: BECSÜLET, TISZTESSÉG, ŐSZINTESÉG. Hűség az elveinkhez, amik segítettek előrejutni. És nem bosszút állni azokon, akik gátoltak minket. Ilyen egy jó vezető.

Hálával gondolj a problémákra!

Köszönettel tartozom a hibákért. Ha nem lennének, sokkal egyhangúbb lenne az élet, dögunalom várna minden egyes nap. Nem törekedhetnék a tökéletességre, nem fejleszthetném magam, hiszen minden adott volna. Leállna a fejlődés, mindenki beletörődne, hogy így a legjobb és a végén arra eszmélnénk: kihalt belőlünk a kezdeményezés, a küzdőszellem, a vágy új célok kitűzésére.

Mindez a hibáknak és a problémáknak köszönhető, mert az ember fejlődni akar, jobbá tenni a világot, vagy csak saját magát másokért, vagy önmagáért. Ezért köszönöm, hogy ilyen az élet. Legközelebb, amikor egy nehézségről beszélsz, arra fókuszálj, amire tanít Téged.

Minden napra jut egy győzelem!

Sokféle harc létezik. Küzdesz a körülményeiddel, csatázol a főnököddel a munkahelyen, vagy éppen a pároddal, mert nem érti meg a nézőpontodat. Nap, mint nap harcolsz azokkal a negatív emberekkel, akik nem akarnak mást, csak lehúzni Téged, mert TE képviseled számukra azt, amire ŐK nem képesek. Néha küzdelmet folytatsz a családoddal (szüleiddel), mert a saját utadat akarod járni (vagy a gyerekeddel), mert egy kicsit engedetlen akar lenni.

De a legfontosabb harcot nem másokkal vívod meg. Az igazi küzdelemben a SAJÁT ellenséged vagy. Mindig. Amikor egy kicsit elbizonytalanodsz, vagy kétség kezd gyötörni. Ha elkezdesz félni a hibáktól, akkor magától az Élettől rettegsz. Ilyenkor állj meg egy pillanatra. Egyetlen egy percre. És gondolj arra a momentumra, amikor BOLDOGAN vágtál neki az utadnak. Ezzel győzheted le a félelmeidet. Ha célba akarsz érni, először tanuld meg legyőzni önmagadat.

Javaslatok, feladatok

Vegyél elő egy papírlapot és hosszában hajtsd félbe. A két oldal egyikének a tetejére írd fel: Gyengéim, míg a másikra: Erősségeim. Azért nem csak az egyikre támaszkodom, mert így vagyunk teljesek. Ha ezzel megvagy, kezd el felsorolni az öt legnagyobb hiányosságodat. (Amin változtatnál, vagy csak úgy gondolod, hogy fejlesztened kellene.) Utána írd fel a másik oszlopba, melyek azok a tulajdonságok, amikben jó vagy, esetleg amit a környezetedben élők becsülnek Benned. Szépen apránként írj fel minden nap egy új tulajdonságot ide, mert lehet, hogy amikor elkezdted vezetni a felsorolást, kifelejtettél néhányat. Amikor egy nehéz nap után megtörten érsz haza, csak olvasd át ezt a lapot lefekvés előtt.

Készíts elő egy másik lapot! Erre azokat a dolgokat jegyezd fel, amiknek örülsz, és hálás vagy, amiért birtoklod őket. Ilyen például a szerető család, egészség, otthon, barátok stb. Tegyél melléjük képeket, amik a nyaralásodon készültek, vagy Neked fontos eseményeken így, amikor reggel kikelsz az ágyból, rögtön jobb kedvre derülsz. Nincs többé olyan, hogy „bal lábbal keltem" és energikusabban állsz a napi teendőknek.

Nézz körül az interneten, hogy olyan meditációs gyakorlatot találj, ami SZÁMODRA megfelelő. Rengeteg metódus van, ezért ha itt felsorolnám, csak összezavarnálak. Biztosan rálelsz arra, ami hozzád illik majd.

Ha úgy érzed, hogy olyan feladatot kaptál, ami túl nagyfalat a mostani énednek, kezd el összeírni azokat az eredményeket, amiket idáig elértél. (Bizonyítványok, versenyen elért helyezések, megoldott problémák, előléptetések, családalapítás, otthonteremtés stb.) Az Élet azért adja neked a helyzeteket, mert elérted a képességeid határait, és így akar rávenni a következő szintlépésre.

Ismerd meg újra a családodat, és a barátaidat. Szervezz olyan közös programokat, amiket eddig kihagytatok, amikkel új nézőpontból láthatod őket. Amik idegen terepnek számítanak, és olyan témákat vet fel, amiről eddig soha nem beszélgettetek. Ezáltal jobb és erősebb lesz a kapcsolatod Velük.

Minden nap cselekedj legalább egyszer önzetlenül. Segíts valakinek a buszon, az utcán, a munkahelyen vagy bárhol. Akkor is, ha csak egy bátorító szót adsz, már az is elképesztő segítség lehet a másiknak.

Élj a jelennek. Tudom, egyeseknek ez a feladat nehéznek tűnhet, de néha tedd el a telefont. Ne hallgass zenét, ne nézz filmet, ne játssz rajta. Figyelj inkább magadra, a gondolataidra, az érzéseidre, másokra. Ne menekülj az eszköz nyújtotta „szigetre" minden adandó alkalommal.

2. RÉSZ

A gazdag emberek a saját fejük után mennek.

Csak azoktól kérnek tanácsot, akik elismertek a szakterületükön. Nem túl büszkék ahhoz, hogy beismerjék, ha nem értenek valamihez. Ekkor olyan szakembereket keresnek meg, akik a megfelelő információval látják el őket. Tényekre alapoznak és nem mások véleményére. Képesek gyorsan dönteni, mert a hezitálás (értsd úgy, mint időhúzás) rossz képet mutat az üzlettársaik felé. Megfontoltan mérlegelik a szituációt, és ha kell, visszalépnek egy üzlettől.

A „felső tízezer" csoportja is EMBEREKBŐL áll.

Ezért nem szabad egy kalap alá venni őket. Itt is megfigyelhető a különbség, mert bizony közöttük is előfordulnak olyanok, akik toleránsabbak, vagy éppenséggel bunkó módon viselkednek a környezetükkel. Itt nem arra célzok, hogy miként jutottak idáig (örökség, nyeremény, vagy önerőből), mert hamis dolog azt állítani, hogy az egyik mód rossz, míg a másik jó. Egyszerűen emberileg eltérő szinten vannak.

Addig nyújtózkodj, ameddig a takaród ér!

Régi mondás, de sok bölcsességet tartalmaz, ha megérted a mögötte megbújó tanítást. A takarékoskodást azért javasolták elődeink, hogy megtanuljuk beosztani, amink van. Ha ügyesen kezeltük a pénzügyeinket, akkor megterveztük a kiadásainkat, és ragaszkodtunk a költségvetésünkhöz. De ne essünk túlzásokba! Akinek életcélja a spórolás, az lemarad az élet adta örömök széles skálájáról. (Lásd Scrooge figuráját!) Előre eltervezett stratégiát hajtottunk végre, aminek következtében a „takarónk" egyre hosszabb lett.

A gazdag ember nem szégyelli képezni magát.

Folyamatosan tanul, hogy mindig képes legyen reagálni a különböző helyzetekre. Az első, amit megtanul: beosztani az idejét. Tudja, hogy minden ember ideje véges, és egy nap mindenki számára csak huszonnégy órából áll. Ezért nem pazarolja sem a maga, sem mások idejét. A második a pénz kezelése. Önfegyelmet gyakorol, mert tisztában van vele, hogy vagy Ő uralja a pénzt, vagy az irányítja Őt. Nem feltétlenül válik pénzügyi guruvá, de megtanulja az alapokat.

Akinek van, még adnak, hogy bővelkedjék.

Néhány évente feltűnik egy ún. „szociológiai kísérlet" eredménye, ami szerint, ha száz (szegény, középosztálybeli, és gazdag) embernek a vagyonát egyenlőképpen osztjuk szét közöttük, akkor már este lesznek olyanok, akik az osztozás előtti szintre „esnek" vissza, és csak néhányan tudják tartósan megőrizni az új állapotot. Ennek a tanulsága az, hogy a gazdag ember tisztában van azzal az egyszerű ténnyel, hogy mindenkinek vannak szükségletei. A pénznek a mozgás, például. Ők is halmoznak fel vagyont, (pénzt és vagyontárgyakat, eszközöket) de emellett költenek is. Nem FÉLNEK pénzt költeni.

A gazdag emberek több lábon állnak.

Azért vannak nagyobb biztonságban a gazdasági élet útvesztőjében, mert arra törekednek, hogy minél több lábon álljanak. Több bevételi forrással rendelkeznek, így akármelyik piaci szegmens átmeneti „hullámvölgye" sincs rájuk tartós hatással. De arra is ügyelnek, hogy ne önmaguk ellen fektessenek be. (Például két konkurens cégbe nem, de olyanokba igen, amik más területet fednek le pl. autó- és élelmiszeripar.)

Megvan a saját elképzelésük a biztonságról.

Ők már megtanulták, hogy mi ad nekik biztonságot, és hogyan használják azt. A fejükben lévő információ, az elméjükben megtalálható tudás biztosítja számukra, és nem az álommunkahelyen betöltött állás, vagy a számlákon felhalmozott összeg nagysága. Ezért képesek időről-időre visszakapaszkodni a csúcsra, ha valamilyen oknál fogva padlóra kerültek.

Az egyik céljuk, hogy új szintre kerüljenek.

Az életet játéknak fogják fel: kezdő szint kis pénz, magasabb szinten több pénz. Nincs okuk keseregni egy-egy rossz döntésük miatt, hiszen vállalják a felelősséget érte, de kockáztatnak, hogy nyerjenek. A magán és a pénzügyi életben is a fejlődés mellett teszik le a voksukat. Manapság pedig egyre gyakrabban tűnik fel az üzletkötések alkalmával egy új nézőpont: a win - win. Itt erőteljes hangsúlyt kap, hogy mindegyik fél előnyhöz jusson az együttműködés vagy az üzlet során.

Érvényesítik a 3T-szabályt.

Úgymint: Tájékozódás, Tervezés, Teljesítés. A legtöbb ember körbekérdezősködik, mielőtt nagyobb kiadásra adná a fejét, tehát tájékozódik a lehetőségekről, csak éppen rögtön meg is valósítja azt, mindenféle tervezés nélkül. Inkább beleugranak a jól csengő hitelek nyújtotta hálóba, mert azt hiszik, hogy a kedvezmény elillan előlük. Ellenben a gazdagok rászánják az időt, ezáltal jobban átláthatóbb életet teremtenek.

Az álmaikért dolgoznak.

Elsődleges céljuk nem a vagyonfelhalmozás, hanem eszközök létrehozása és megtartása. Így a passzív jövedelmük egyre nagyobb százalékát teszi ki a teljes bevételüknek. Ezért képesek megvalósítani az álmaikat. Mert már anélkül is áramlik feléjük a pénz, hogy ténylegesen dolgoznának. Van szabadidejük, amit arra használhatnak, amire csak akarnak.

Mindig jótékonykodnak.

A gazdag emberek is voltak nehéz helyzetben. Hálát éreznek az életükért, és örömmel segítenek másoknak is. Figyeld meg, ahogy néhány híresség odaáll egy-egy számukra fontos ügy mellé: természetvédelem, családon belüli erőszak elleni küzdelem, iskolaépítés, gyógyászati kutatások. Mottójuk: amit adsz, azt kapod vissza. Kevesen vannak közöttük olyanok, akik előítéletesek.

Keresik egymás társaságát.

Távol tartják magukat a negatív beállítottságú emberektől. Nem irigylik egymás sikereit, hiszen gyakran közös vállalkozásban vesznek részt. Megválogatják a barátaikat, mert a „minőségi" kapcsolatokat részesítik előnyben. Olyan környezetben érzik jól magukat, ahol támogatják őket, mert ugyanúgy gondolkodnak.

Harmóniára törekszenek.

Egyensúlyba hozzák az életüket. Kialakítják a napi rutinjukat, hogy az megfeleljen az elvárásaiknak. Szánnak időt a meditálásra, vagy a sportra, nem habzsolnak, hanem kiélvezik az étkezéseket, annyi időt töltenek munkával, amennyit a családjukkal.

A gazdagok ritkán panaszkodnak.

Nekik is van problémájuk, nehéz helyzetbe tudnak kerülni, mint mindenki más, de ők megtartják maguknak. Nem terhelik rá másra a gondjaikat, mert inkább a megoldásra törekednek, míg a beszéd nem oldja meg a szituációt.

Hatalmas álmaik vannak.

Nem érik be morzsákkal. Gondolataikból óriási célt kovácsolnak, ami már önmagában is továbblendíti őket. Hallottál Donald Trump vagy Elon Musk terveiről? Előbbi az Amerikai Egyesült Államok elnöke akart lenni, mindenféle politikai tapasztalat nélkül. És sikerült neki! Mert felismerte, hogyan képes kamatoztatni a tudását, tapasztalatait, valamint ELHITTE magáról, hogy képes elnökké válni. Utóbbi célul tűzte ki, hogy a MARS bolygóra küldi emberek egy csoportját. Cégének tucatnyi fejlesztése van folyamatban, amik segíthetnek a kívánt cél elérésében. Ő maga is válaszokat, megoldásokat keres a mérnökeivel, tudósaival.

Keveset, vagy egyáltalán nem aggódnak.

Mivel életüket, és lépéseiket jó előre eltervezték, (felkészülve a váratlanra) pontosan tudják, hogy útjuk melyik szakaszán tartanak. Ezért nem is esnek kétségbe akkor sem, ha a világ nem a várakozásaik szerint alakul. Nyugodtan szemlélik a fejleményeket, és részben módosítják a terveiket, illetve csak kiigazítják.

Képesek újrakezdeni.

Mint már említettem korábban, ők is csak emberek, akik ugyanezen a bolygón élnek. Amikor csődbe mennek, nem keseregnek sokáig, hanem újrakezdik. Warren Buffet neve ismerős? Vagy Wesley Snipes? Robert Downey Jr.? Danny Trejo? Egy-egy bukás után nem voltak túl büszkék ahhoz, hogy újra elölről kezdjék. Szinte a nulláról, megtépázott hírnévvel.

Kapcsolatokban és hálózatokban gondolkodnak.

Nem egy terméket vagy szolgáltatást látnak csupán maguk előtt, hanem a ráépülő ipart, illetve tevékenységet is. És erre alapoznak. Látják az egész dominó-láncot, amint egymás mögött sorakoznak. Lehet, hogy Te különálló, elszeparált daraboknak nézed őket, de ha meglöksz egyet, akkor a legtöbb felborul, mert kapcsolódnak egymáshoz.

Értékelik az IDŐT.

Éppen ezért a teljesítményeik után várják a fizetést, és nem az idejük után. Az idejük nagyobb részét azokra a személyekre, tevékenységekre akarják fordítani, akik (amik) fontosak számukra. Nem a munkára, nem a kényszerű feladataikra. Gondold csak végig! Munka mellett, ha lenne passzív jövedelmed, amiért megdolgoztál, akkor is vállalnál túlórát? Vagy inkább a családoddal töltenél pár órával többet?

Javaslatok, ötletek

Dolgozz Magadon és az Ötleteiden! A mai világban számtalan lehetőséged van az önmegvalósításra. Csak körül kell nézned.

Állásban dolgozol, de többre vágysz? Fogalmazd meg, hogy mire: elismerésre, szabadidőre, jövedelemre? Vagy mindegyik jól jönne? Fogj bele egy vállalkozásba! Munka mellett először az MLM, vagyis a Network Marketinget javaslom, mégpedig a következők miatt: a hagyományos cégalapítással ellentétben itt rendkívül alacsony az indításra szánt befektetés, másodszor itt olyan készségekre és tudásra tehetsz szert, ami elengedhetetlen az üzleti életben, harmadszor pedig olyan segítőid lesznek, akiknek érdeke fűződik a Te személyes sikeredhez. Sokfajta van belőlük, ezért válogathatsz is.

(Én személy szerint a Forever Living Products Magyarország Kft-nél szereztem tapasztalatokat. A termékei kiválóak, a marketing terv a fizetésekkel együtt sziklaszilárd, az oktatási struktúra remek, ráadásul rengeteg lehetőség van a fejlődésre.)

Kreatívnak érzed Magad? Írj könyvet, vagy rajzolj, fess képeket, esetleg komponálj zenét. Most persze arra gondolhatnál, hogy miért mondom ezt, hiszen akkor Te meg én konkurensek lennénk a könyvpiacon, de nem így van. A Földön több mint hét milliárd ember él, ezért lehetetlen mindenkinek a kedvére tenni. Viszont jó esélyed van arra, hogy olyanokat találj, akinek tetszik, amit létrehozol.

Értesz a programozáshoz, vagy a grafikához? Csinálj egy olyan applikációt, amire úgy érzed, hogy szükség van. Hozz létre egyedi játékot. A régi korokban is patronálták a művészeteket, és néhány szolgáltató helyet biztosít ezeknek a törekvéseknek. Gondolj bele, hogy csak egy kicsit adnak, de rendszeresen. Ráadásul egyre nő a rajongótáborod, ha sikere van a termékednek.

Mozogjon a pénz! Találkozz pénzügyi menedzserekkel, tanácsadókkal, hogy kezeljék a tőkédet. Kezd kicsiben a takarékoskodást, hogy később be tudj fektetni a különböző portfóliókba. A JÖVŐDBE! A pénz vándorol, mert mozognia kell. Legyél Te, aki forgatja, és nem hagyja kifolyni a kezei közül.

Csinálj videókat, beszámolókat! Akár utazásról, ételekről, szállodákról stb. Arról, ami érdekel. Ha elérsz a célközönségedhez, hallgatni fognak Rád, és az általad választott területen működő cégek reklámot, ezáltal bevételt látnak Benned. Persze, hogy adnak jutalékot. Látod, megint képbe jön a win - win helyzet.

Ha jobban belegondolsz, mi gátolt meg eddig, hogy a jobb személyes kapcsolatok, vagy éppenséggel a meggazdagodás felé vezető útra lépj? Szívből kívánom Neked, hogy legyen ERŐD, KITARTÁSOD, és HITED, amik segítségével szebbé varázsolod majd az ÉLETED! Köszönöm, hogy végigolvastad a könyvet. Remélem tetszett, és megszívleled a benne foglaltakat.

Keress a Facebook-on:

@SkinnerMG

#skinnermg

Vagy írj e-mailt:

the.preacher@hotmail.com

www.ingramcontent.com/pod-product-compliance
Lightning Source LLC
Chambersburg PA
CBHW070948210326

41520CB00021B/7116